AF466652

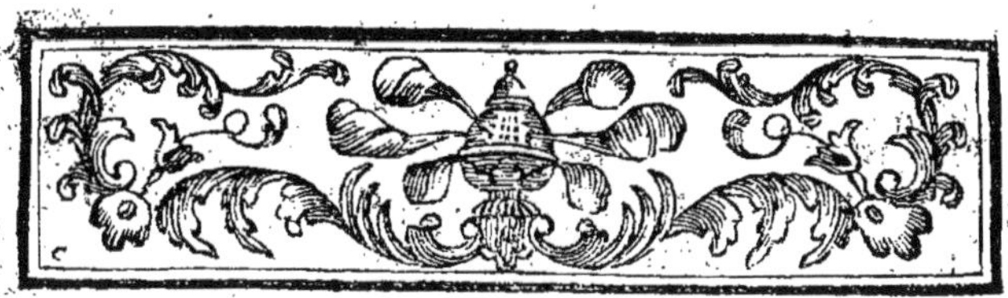

DESCRIPTION

D'UNE CHAPELLE FUNÉRAIRE;

Nouvellement érigée dans l'Eglise Paroissiale de SAINTE-MARGUERITE, *Fauxbourg St. Antoine, consacrée aux Prieres & aux Sacrifices pour les Fideles défunts de cette Paroisse.*

VOICI un Ouvrage d'un nouveau genre, devenu célebre dès qu'il a paru, par les applaudissemens extraordinaires, non-seulement des Architectes & des Peintres, mais encore des spectateurs de tous états & de tout sexe. Parmi ce grand nombre d'approbateurs, les plus zélés ont été ces génies élevés, ennemis des petites manieres & des ornemens superflus & déplacés, adorateurs de ce *Beau simple*, & de la majesté qui résulte des proportions de chaque partie & de leurs juſtes rapports ; unique ſource de cette harmonie impérieuſe, qui s'empare, au premier coup d'œil, de toute l'ame, & lui arrache, malgré elle, cette admiration muette, ce ſilence délicieux, eſpece de ſenſation que la parole la plus éloquente ne peut exprimer, & que l'Italien a preſque rendue par ces mots : *Bello da ſtupire.*

Les applaudiſſemens qu'excitent aujourd'hui ces beautés ſimples, ont d'autant plus dequoi ſurprendre, que notre luxe porté, preſque à l'excès, dans tous les Arts, devroit nous rendre froids à la vue de tout ce qui eſt dépouillé de ces ornemens éblouiſſans & ſéduiſans par la perfection de leur travail, répandus à pleines mains ſur toutes nos productions, ſpécialement dans les décorations de nos édifices, & que l'on n'apperçoit nulle part dans celui-ci. Leur long regne auroit avili & rétréci le gout de la Nation, ſi elle n'étoit naturellement portée à l'amour du grand ; ce que prouvent ſes vœux unanimes pour la découverte du Périſtiſe du Louvre, & ſon impatience de le voir en ſon entier. Cette eſtime des François pour tout ce qui porte une image de grandeur, paroît encore aujourd'hui dans leurs éloges de cette Chapelle. Quelqu'imparfaite que soit l'idée qu'elle en offre, son aspect en a emporté plusieurs jusqu'au ravissement.

L'Auteur n'ayant point dû s'assurer un pareil succès, quel courage ne lui a-t-il pas fallu, pour oser sortir du ton de son siecle, braver le gout dominant, & risquer, par cette témérité, sa réputation, dont ce premier Ouvrage devoit être la base?

Ce n'est point au hazard que le *sieur Louis* doit la réussite de son entreprise; mais aux études approfondies qu'il a faites pendant son séjour en Italie, de ce que les Grecs & les Romains nous ont laissé de plus correct & de plus admirable dans leurs monumens. C'est là qu'il a puisé ce gout de grandeur & de mépris de toute imitation timide & servile; ressource des Artistes sans génie & sans chaleur, dont l'aspect laisse l'ame dans une assiette léthargique & sans aucun réveil. Il faut avouer cependant en leur faveur, que l'étude la plus infatigable & les efforts les plus courageux, ne donneront jamais à nos idées cette chaleur qui imagine les grandes choses, si la nature, à notre naissance, n'en allume les premieres étincelles.

Le *sieur Louis*, Auteur de cet Ouvrage, fut envoyé à Rome aux frais de Sa Majesté, après avoir remporté le Prix du concours dans l'exposition annuelle des desseins d'Architecture au Louvre. En passant par le Mont-Cenis, un heureux hazard lui fit rencontrer M. de *Beaurecueil*, Curé de la Paroisse de Ste. Marguerite, amateur des beaux Arts, & surtout de l'Architecture, où il est le plus versé : ses lumieres en ce genre, lui firent bientôt appercevoir, dans les raisonnemens de ce jeune homme, des idées à ce sujet, d'une élévation au-dessus de son âge. Leur liaison se fortifia pendant son séjour dans cette ancienne Capitale de l'univers; ce qui engagea le *sieur Louis*, de retour à Paris, de voir, avec empressement, son compagnon de voyage, qui lui communiqua son dessein depuis plusieurs années, d'ajouter une Chapelle à son Eglise, pour remédier en partie à son étendue, qui n'a nulle proportion avec le nombre immense de ses Paroissiens, aujourd'hui de quatre-vingt mille. La construction d'une nouvelle Eglise, dans des temps aussi peu favorables que ceux d'une longue guerre, étant impossible, ce zélé Pasteur ne crut pas devoir négliger un aggrandissement, qui, quoique médiocre, (cette nouvelle Chapelle ne pouvant contenir que quatre à cinq cens personnes) ne laisseroit pas d'être avantageux à ses Paroissiens. Il y fut encore déterminé par une somme, très-modique à la vérité, qu'il avoit acceptée d'un Particulier, pour commencer la construction d'un Oratoire, *destiné aux Prieres & aux Offrandes pour les défunts.* Il fit part au *sieur Louis* de son projet pour ce petit bâtiment & de sa destination. Ce jeune Architecte, n'étant point encore connu, saisit avidement l'occasion de se produire, & promit à M. le Curé de lui tracer incessamment l'arrangement de ses idées, & de lui apporter le plan, l'élévation & la décoration intérieure de sa Chapelle. Son ami connoisseur en fut enchanté; mais qu'eût produit son enchantement, sans celui de Mrs. les Marguilliers? Naturellement éloquent, & animé par le zele de la Maison du Seigneur, il vint à bout de les engager aux frais néceſſaires, en les aſſurant que ce qu'ils voyoient tracé en petit ſur ce papier, & de ſi peu d'apparence, deviendroit dans l'exécution, un ſpectacle des plus intéreſſans, & dont la nouveauté & l'éclat attireroient tout Paris; que, par conſéquent, ce concours ſeroit une ſource intariſſable de Meſſes & d'Aumômes; qu'à cette reſſource, preſque certaine, il en avoit imagé une autre qui l'étoit encore plus: c'étoit de diviſer le ſol de ſon terrein en trente caveaux, qui étant achetés par trente familles différentes, remplaceroient une bonne partie de l'avance de leurs deniers, & pluſieurs de ces caveaux ſont déja livrés. La réſiſtance de ces ſages économes fut enfin vaincue par les raiſons de piété & d'honneur que leur oppoſa leur Paſteur. Ils convinrent de l'édification de la Chapelle & de la ceſſion d'une partie du terrein du cimetiere ſur lequel elle a été conſtruite. Ce terrein avoiſinoit la partie latérale du chœur de l'Egliſe, dont le mur, percé dans le haut par deux arcades ou grands vitraux, & ouverts enſuite juſqu'au rez-de-chauſſée, ſervent d'entrée à la Chapelle, avec l'inconvénient, d'être double, par la nécessité de conserver un pilier buttant pour la poussée des voûtes qui sépare les deux arcades, & auquel, par conséquent, on n'a pu toucher.

Ce petit édifice a quarante-sept pieds & demi de longueur, trente pieds neuf pouces de largeur, & trente-cinq pieds sept pouces de hauteur jusqu'à la voûte. Elle est en plein ceintre, & percée dans le haut d'une ouverture de dix pieds & demi en quarré, qui éclaire toute la Chapelle d'un jour très-avantageux.

L'Architecte a estimé remplir suffisamment sa destination Funéraire, en traçant deux sujets Funebres dans deux grands bas-reliefs, imités en marbre blanc, de trente-cinq pieds & demi de longueur, & de quatre pieds & demi de hauteur, qui occupent toute l'étendue des côtés de la Chapelle. Ces deux grands bas-reliefs tiennent lieu d'entablement à dix colonnes ioniques, cannelées & isolées.

Les sujets représentés dans ces deux grands bas-reliefs, sont une suite de celui qui est au-dessus des deux portes d'entrée, représentant Adam & Eve bannis du Paradis terrestre, & dont le mépris des ordres du Créateur, a été la ſource funeſte de la Mort dans le monde, & de la tranſmiſſion de leur péché dans tous leurs deſcendans. C'eſt ce qu'exprime ce paſſage de St. Paul, qu'on lit au-deſſous du bas-relief :

Stipendium peccati mors.

La mort eſt la ſolde du péché.

Toutes les ſtatues de cette Chapelle ont une liaiſon néceſſaire & relative à ce bas-relief-ci. Expliquons les ſujets des deux principaux.

Le premier à droite, nous expoſe la fin du Patriarche *Jacob*, expirant au milieu de ſa nombreuſe famille. Son fils *Joſeph* y paroît courbé ſur le corps de ſon pere, pour en recueillir les derniers ſoupirs. (1)

Le ſieur *Briard*, Auteur de cette belle compoſition, a exprimé avec force les diverſes impreſſions d'une vive douleur, ſur cette multitude d'officiers, de femmes, d'enfans, qui compoſoient ſa famille. Le bas-relief, vis-à-vis, de même grandeur & de la même main, eſt la ſuite du précédent, & nous décrit les magnifiques funérailles du corps de ce ſaint

(1) Gen. c. 48.

Patriarche, transporté dans le Pays de Chanaam, & accompagné, par ordre du *Roi Pharaon*, de tous les Officiers de sa Cour, des Grands de l'Egypte, de toute la Maison de Joseph, & d'un grand nombre de cavaliers & de chariots qui le suivirent, pour honorer son convoi jusqu'à la sépulture de ses Peres. Ce grand bas-relief est porté, comme son pareil, par dix colonnes du même ordre. On voit dans les entre-colonnes, six statues de grandeur naturelle, feintes en marbre, sur des piedestaux; elles ont toutes des rapports au caractere du lieu, c'est-à-dire, ou à la mort, ou à la briéveté de la vie. La premiere figure à droite, représente la postérité d'Adam, par une carte généalogique en descendant, qu'elle tient d'une main, & montre de l'autre à ses pieds, une Urne *cinéraire*, qui annonce bien tristement, toute son immense postérité réduite à un peu de cendres, avant la fin des siecles. On lit sur le piedestal ce passage de St. Paul:

In Adam omnes moriuntur.
Tous les hommes meurent dans Adam.

Les trois figures qui suivent, sont aussi

allégoriques, & représentent les trois âges de l'homme. La premiere tient en ses mains des fleurs, presque aussi-tôt flétries qu'écloses : image trop sincere de celles de la jeunesse, dont cette figure est le symbole.

Sicut flos fœni transivi. Jac. 1.
J'ai passé comme la fleur des champs.

C'est l'inscription du piedestal.

La suivante est d'un grand caractere, & représente les terribles efforts d'un homme puissant & dans la vigueur de l'âge, pour résister à une mort violente.

In dimidio dierum meorum vadam ad portas inferi. Isai.
Faut-il voir terminer ma vie à la moitié de sa course !

La triste saison de notre déclin est exprimée par un homme âgé, appuyé sur un tronc d'arbre, presque consumé par le temps : il tient un sable, prêt à lui échapper, avec ces mots tirés de Job :

Ecce nunc in pulvere dormiam.
Bientôt le sommeil de la mort
M'endormira dans la poussiere.

On voit dans les mains de la cinquieme ſtatue un vaſe, dont l'eau qui coule, nous peint la fluidité rapide de nos jours, qui s'écoulent comme elle; c'eſt ce que dit ce paſſage, tiré du Livre des Rois:

Quaſi aquæ delabimur in terra.

Le ſens de l'allégorie de la ſixieme, eſt l'eſpérance certaine qu'ont les Chrétiens de voir leur cendre, à la fin des temps, ſe ranimer, & reprendre une nouvelle vie. Mais l'eſpace ne permettant pas de figurer le tombeau d'où nous ſortirons, on y a ſubſtitué une Urne *cinéraire*, ouverte par la Religion, avec ce paſſage:

In Chriſto omnes vivificabuntur. 1. ad Cor.
La Réſurrection de J. C. aſſure celle de tous les hommes.

Paſſons aux figures de l'autre part.

Les trois premieres repréſentent les trois états de l'homme dans le cours de ſa vie, la pauvreté, les richeſſes & la gloire, ou les honneurs. Le premier eſt figuré par un Pélerin mendiant.

Peregrini ſumus & hoſpites ſuper terram. Ad Hebr.
Cette vie ici-bas n'eſt qu'un pélerinage.

Celui du riche est exprimé par une figure ayant à ses pieds un vase plein de pieces d'argent & de pierreries; un autre entre ses mains, rempli de cendres, symboles de la vanité & de l'impuissance des trésors, pour retarder d'un seul instant celui qui réduira les riches en poudre & à leur premiere nudité, selon ces paroles de Job:

Nudus egressus sum, nudus revertar.
Tout nud dans cette terre en naissant, j'arrivai;
Et de même tout nud, mourant, j'en sortirai.

La gloire, représentée par la troisieme figure, est appuyée sur une colonne, où l'on lit à peine le fragment d'une épitaphe honorable. La colonne étoit jadis la plus grande marque de distinction élevée sur les tombeaux des hommes illustres. Cette figure paroît réfléchir sur le néant de l'éclat & de la durée des honneurs, & semble dire:

Spoliabit me gloria mea. Job.
Plus ma vie est ici glorieuse,
Plus la dépouille en sera douloureuse.

Dans la quatrieme, un Philosophe

Chrétien, a les yeux fixés sur une tête de mort : on le voit, par son attitude, méditer profondément sur la plus affreuse de toutes les métamorphoses, & la plus certaine.

Quæ de terra sunt, in terram convertentur. Eccli.

Tout ce qui est sorti de la terre, doit retourner à la terre.

La cassolette aux mains de la figure suivante, peint bien par sa fumée, la solidité du bonheur & de la durée de cette vie. *C'est*, dit St. Pierre, *l'apparition d'une vapeur.*

Vita nostra vapor est, ad modicum parens.

Enfin, le parfait Chrétien est représenté dans la derniere figure, environné d'une chaîne, symbole des liens qui l'attachent à la vie, & dont il désire d'être affranchi, pour s'unir à Dieu, son principe, sa fin & son seul bonheur. Ce qui lui fait dire avec St. Paul :

Cupio dissolvi, & esse cum Christo.

Mon seul désir est de voir par la mort,
Tous mes liens rompus, pour arriver au port.

Quoique le même ordre de colonnes regne dans le fond de la Chapelle, l'Architecture en est cependant traitée differemment. Ce mur, qui a trente pieds de face, est interrompu dans le milieu, par une arcade d'environ dix pieds de largeur, & laisse voir, dans un éloignement de cinq pieds, un tableau de trente-cinq de haut, qui représente plusieurs groupes de Fideles, enlevés par des Esprits célestes, aux feux du Purgatoire, & conduits dans le séjour des Bienheureux, par les mérites du sang de J. C. répandu tous les jours sur l'Autel de cette Chapelle. Ce tableau, peint par le *sieur Briard*, est éclairé par une ouverture pratiquée dans le haut de ce renfoncement, que l'on ne voit point, mais dont l'effet est surprenant & des plus heureux.

Je reviens à l'Architecture du fond de la Chapelle. Il est orné de dix colonnes de chaque côté de l'arcade, dont deux en avant-corps & en ressaut, servent de suite à l'ordonnance de celles des deux faces des côtés, & à porter deux tombeaux posés sur l'entablement. Ces tombeaux, feints de marbre de Sicile, font d'un profil mâle & singulier ; sans être bizarre, & sont couronnés par deux lampes antiques.

Cet entablement en ressaut, se lie naturellement avec le tombeau, & diminue l'intervalle de l'entablement à la voûte, où l'aspect du nud de ce mur, eût été désagréable. Ces ressauts servent de plus à appercevoir le dessous des tombeaux, & à placer en bas un groupe de figures dans l'entre-colonne, où le grand vuide eût fait une dissonnance avec l'ordonnance du total. De plus, la cinquieme colonne en arriere-corps, groupant avec cette premiere, donne du mouvement & de la chaleur à l'ensemble, qui eût paru froid sans ce secours. Les autres colonnes en arriere-corps, soutiennent les deux archivoltes en perspective, & les intervalles de ces deux archivoltes sont décorés de faisceaux de cyprès & de roses encaissées. Deux Anges, sur le bandeau de l'archivolte, développent une inscription tirée des Machabées :

Sancta est cogitatio pro defunctis orare.

C'est une sainte pensée de prier pour les défunts.

Dans les intervalles des quatre colonnes en ressaut, à côté de l'ouverture, on voit deux groupes de statues sur des piedestaux, en forme de tombeaux antiques, dont l'un représente les Vertus Cardinales, & l'autre les Théologales. Ces Vertus sont supposées décorer les sépultures des défunts de la Paroisse, célebres par leur piété.

Avant de quitter l'architecture du fond de cette Chapelle, les connoisseurs appercevront la liberté qu'a pris le *sieur Louis* de supprimer l'entablement de l'ordre qui décore les deux faces latérales. Par ce moyen il a sauvé l'inconvénient des saillies de deux corniches qui se pénetrent nécessairement dans leur retour en angle droit. Le succès de cette licence fait voir que le génie peut franchir la barriere des regles, quand il a su prévoir l'heureux effet de ces sortes de hardiesses, avant de les mettre en œuvre.

La voûte de cette Chapelle en plein ceintre, est décorée, dans toute son étendue, de roses feintes en stuc, renfermées dans des caissons, & de la plus belle exécution. Les retombées de cette voûte des deux côtés sont portées par les deux

grands

grands bas-reliefs de trente pieds de longueur, dont on a fait la description, & ornées, dans la partie de leur jonction; de draperies en festons; pour interrompre la multiplicité des lignes droites d'un aspect toujours désagréable quand elles ont une grande étendue.

L'Autel, élevé d'une seule marche au-dessus du pavé, est dans la forme des tombeaux des premiers Chrétiens. Il est feint de marbre d'Albâtre, & n'aura d'ornement sur sa table, qu'un Tabernacle fort simple, qui représentera nos anciens Ciboires, derriere lequel sera placé un Crucifix de même matiere en bronze doré. Aux deux côtés de l'Autel, à deux pieds de distance, on posera sur le pavé deux trépieds de forme antique, qui porteront des lampes sépulcrales toujours allumées.

Le pavé de cette Chapelle est distribué réguliérement en trente tombes plates, feintes en marbre turquin, qui ferment autant de caveaux destinés à la sépulture des familles qui se les seront appropriées, soit de la Paroisse, ou d'ailleurs. Outre ces trente caveaux, qui ont huit pieds de longueur sur cinq, & douze de profondeur, il y en a un particulier ſous l'Autel & plus ſpacieux, deſtiné aux bienfaiteurs de cette Chapelle & de la Paroiſſe.

Les tombes qui ferment ces caveaux, ſeront enlevées de leurs places pour les enſeveliſſemens, par une machine fort ſimple, dont on a l'obligation à l'un des plus grands méchaniciens de l'Europe, le célebre M. *Vaucanſon.* Cette machine ſuppléera à l'incommodité des anneaux, des louves, des leviers, & aux inconvéniens des pierres écornées, qui en font les fermetures.

Sur les premieres des deux entrées, ſont gravés ces deux paſſages de l'Ecriture:

Sedentes in umbrâ mortis,
Expectantes beatam ſpem.

Aſſiſes au ſein des ombres de la mort,
Ils attendent en paix les promeſſes.

L'on n'a point encore poſé les grilles qui doivent fermer l'entrée de cette Chapelle. La perfection de leur travail ne méritera pas ſeule l'attention du Public: les ornemens Funéraires dont elles ſeront enrichies, annonceront à la premiere vue la deſtination du lieu où elles ſeront placées. On y verra des urnes ſépulcrales, des branches de cyprès, des torches renverſées, des linceuls, des lampes antiques, & tout ce qui peut caractériſer les ſépultures. C'eſt ainſi que devroient être composées les belles grilles de nos Egliſes, où il n'y eût aucun ornement qui ne portât le caractere du lieu qu'elles enferment; ce qui feroit diſparoître tous ces feuillages & ces rinceaux gothiques, qui ne font admirer que la main de l'ouvrier, ſans appercevoir dans le deſſein aucune intention.

La plus grande ſatisfaction qu'ait éprouvé l'Auteur de cet Ouvrage, & dont le ſilence le noirciroit d'ingratitude, s'il ne s'empreſſoit de la publier, c'eſt celle que lui ont témoignée les Artiſtes les plus célebres dans tous les genres, & les connoiſſeurs les plus éclairés & les plus diſtingués. Ils ont eu la bonté de l'accompagner de proteſtations d'amitié ſi obligeantes & ſi énergiques, qu'elles l'ont confondu & pénétré juſqu'au fond du cœur. Tout l'or du monde, à ſon gré, ne ſauroit égaler cet honneur & cette récompenſe. Quoi de plus précieux, en effet, & de plus honorable, que d'être loué par les plus illustres de sa Nation, par des génies capables des plus grandes choses, qui ont osé admirer publiquement & avec transport, ce qu'ils ont jugé digne de leur admiration ; dont les sentimens trop élevés pour descendre jusqu'à la bassesse de la jalousie, laissent aux Artistes subalternes le seul avantage d'être déchirés à la vue des succès d'autrui ! Quelle gloire & quels auspices pour un commençant, que des approbations de cette espece !

Avant de finir l'explication de la décoration de cette Chapelle, je ne puis passer sous silence une sensation singuliere qu'excita sa vue sur une Dame, peu touchée de la perfection des ornemens de notre Architecture à la mode, mais fortement sensible à tout ce qui porte le caractere de grandeur & de dignité. Après une assez longue & muette admiration, *Voilà*, dit-elle, *le seul spectacle qui ait réalisé dans mon imagination, la possibilité des superbes édifices Grecs, dont les ruines de Palmyre m'avoient donné de si grandes idées*. Il est peu de compositions de nos jours, dont l'aspect pût élever notre imagination, jusqu'à nous inſpirer un pareil aveu en leur faveur.

Cette deſcription a été hazardée par le ſieur D. L. F. de *St. Ye.* ami du ſieur *Louis*, avant ſon voyage d'Italie, & qui prévit dès ce temps-là, par ſon deſſein qui remporta le Prix, la perfection que l'étude des monumens antiques ajouteroit à ſon génie & à ſes talens naturels. Il eût pu trouver aiſément une plume plus éloquente & plus correcte que celle de cet ami, s'il n'eût proſcrit ſon éloge de cette Deſcription.

Mais ne ſeroit-ce pas manquer aux devoirs de l'amitié, que de taire les qualités eſtimables de ſon ami, pour obéir à ſa modeſtie, lorſque ces qualités ſont ſi ſupérieures à celles des talens, qu'elles ne doivent pas même être miſes en parallele pour le bien de la ſociété, premier devoir d'un bon citoyen? Tel eſt donc chez lui un grand reſpect pour ſa Religion; des ſentimens élevés, mais ſans orgueil, qui n'excluent point l'amour propre, ſi néceſſaire à l'émulation; un caractere incapable de la moindre cabale, pour l'emporter ſur le plus mince concurrent; un eſprit ennemi de toute baſſe flatterie, & par conſéquent peu courtiſan;

esclave inflexible de sa parole, autant que de ses engagemens; capable d'amitié, & mettant le bonheur d'être aimé, bien au-dessus de celui d'être admiré. Ce sont là des dons du Ciel & d'une heureuse naissance, qui ne sont pas toujours unis aux grands talens, quoiqu'ils en fassent tout le prix. A l'égard de la reconnoissance, combien le *sieur Louis* s'estimeroit heureux de pouvoir publier sur les toits celle dont il est pénetré des bons offices de M. le Curé, pour lui procurer ce petit bâtiment, & l'aider de ses conseils! Que ne doit-il pas aussi au bon gout & au zele de Mrs. les Marguilliers pour cet édifice & son achevement, fait avec beaucoup de noblesse & de générosité dans des temps aussi difficiles! Mais ce que le sieur *Louis* ne sauroit exprimer, & qui sera toujours fort au-dessous de sa reconnoissance, ce sont ses sentimens envers les sieurs *Briard* & *Brunetti*, auxquels il avoue être entiérement redevable de la réussite éclatante de ses desseins, & qui n'eût jamais été portée à ce point de perfection, sans la supériorité de leurs talens : le premier, dans la savante composition des sujets de son pinceau; &

l'autre, dans la vérité & la correction de son Architecture, qui ne laisse rien à désirer. (1)

(1) Il est à propos d'avertir les Curieux, que l'après-midi est le seul temps favorable pour voir l'effet du jour singulier qui éclaire le Tableau du fond, & qui est nécessaire pour juger de l'accord du total.

P. S. C'est une triste nécessité pour un jeune Artiste qui s'annonce en public avec quelque distinction, d'essuyer les traits d'une critique envieuse & presque toujours injuste. Quel avantage la malignité humaine peut-elle tirer du cruel plaisir d'abaisser & de flétrir une réputation naissante? Ne devrions-nous pas nous réjouir des talens d'autrui, & les faire servir d'éguillon aux nôtres? Le sieur Louis *s'étoit bien attendu de ne point échapper à la censure. Son amour propre eût été trop humilié par un silence général, langage ordinaire du plus parfait mépris; mais il espéroit de quelque Censeur habile & de bonne foi, des lumieres qui l'eussent éclairé sur les défauts de son Ouvrage. La plupart des objections qu'on lui a faites, ont été trop foibles pour y répondre: mais voici une accusation trop injurieuse, pour la passer sous silence, & en même-temps trop peu vraisemblable pour en craindre les effets. Ses ennemis publient que cette Chapelle n'est qu'une copie, savamment exécutée, d'une Chapelle qui se voit à Rome dans une Eglise, dont on nomme le titre & le lieu: il seroit difficile d'imaginer une calomnie plus grossiere, plus dépourvue de sens, d'apparence de vérité, & dont par conséquent la fausseté soit plus palpable. Qui croira qu'un jeune Architecte, intéressé à s'ouvrir une route dans la carriere de l'honneur & de la fortune, par une réputation de génie, pût être assez imprudent d'oser assurer un Ouvrage de sa composition, dont cent personnes qui reviennent tous les ans de Rome, pourroient certifier avoir vu l'original? Ce délire seroit pareil à celui d'un jeune Peintre, dont l'habile pinceau eût parfaitement réussi à copier à Rome le Tableau d'un grand Maître, & qui viendroit hardiment exposer cette copie au Sallon du Louvre, comme le fruit de son génie: la honte & le deshonneur dont il seroit couvert, par les risées de tous ceux qui auroient vu l'original, seroient le prix d'une si sotte impudence, & devroient être la juste punition de l'Auteur malin d'une calomnie aussi mal imaginée.*

Vu l'Approbation. Permis d'imprimer, à la charge d'enrégistrement à la Chambre Syndicale, ce 26 Mai 1762.

DE SARTINE.

Registré la présente permission sur le Registre des permissions de la Communauté des Libraires & Imprimeurs de Paris, N°. 5048, conformément aux anciens Réglemens, confirmés par celui du 28 Février 1723. A Paris, ce 27 Mai 1762.

MOREAU, Adjoint.

De l'Imprimerie de G. DESPREZ, Imprimeur du Roi & du Clergé de France, 1762.

www.ingramcontent.com/pod-product-compliance
Ingram Content Group UK Ltd.
Pitfield, Milton Keynes, MK11 3LW, UK
UKHW020449220726
13923UKWH00005B/2425

9 782019 475666